S0-BDO-176

GRAPHIC LIBRARY

Historia Gráfica en español

EL ASESINATO DE ABRAHAM LINCOLN

por Kay Melchisedech Olson

ilustrado por
Otha Zackariah Edward Lohse

Consultor:
Thomas F. Schwartz, doctor en filosofía
Historiador del estado de Illinois
Agencia de Preservación Histórica de Illinois
Springfield, Illinois

BERKELEY UNIFIED
SCHOOL DISTRICT
Thousand Oaks Library

Capstone
press

Mankato, Minnesota

Graphic Library is published by Capstone Press,
151 Good Counsel Drive, P.O. Box 669, Mankato, Minnesota 56002.
www.capstonepress.com

Copyright © 2006 by Capstone Press. All rights reserved.
No part of this publication may be reproduced in whole or in part, or stored in a retrieval
system, or transmitted in any form or by any means, electronic, mechanical, photocopying,
recording, or otherwise, without written permission of the publisher.
For information regarding permission, write to Capstone Press,
151 Good Counsel Drive, P.O. Box 669, Dept. R, Mankato, Minnesota 56002.
Printed in the United States of America

1 2 3 4 5 6 11 10 09 08 07 06

[Library of Congress Cataloging-in-Publication Data
Olson, Kay Melchisedech.
   [Assassination of Abraham Lincoln. Spanish]
   El asesinato de Abraham Lincoln/por Kay Melchisedech Olson; ilustrado por Otha Zackariah
Edward Lohse.
   p. cm.—(Graphic library. Historia gráfica en español)
   Includes bibliographical references and index.
   ISBN 0-7368-6055-X (lib. bdg.)
   1. Lincoln, Abraham, 1809-1865—Assassination—Juvenile literature. 2. Booth, John
Wilkes,1838-1865—Juvenile literature. I. Lohse, Otha Zackariah Edward, ill. II. Title. III.
Series.
E457.5.O479 2006
973.7092—dc22
                                             2005054203

Summary: In graphic-novel format, tells the story of Abraham Lincoln's assassination and the
escape and death of John Wilkes Booth.

Editor's note: Direct quotations from primary sources are indicated by a yellow background.

Direct quotations appear on the following pages:
Page 5 (Lincoln), from *Twenty Days* by Dorothy Meserve Kunhardt and Philip B. Kunhardt Jr.
(New York: Castle Books, 1965).
Pages 5 (actor), 8, 19, 21, 27, from *Blood on the Moon* by Edward Steers (Lexington: University
Press of Kentucky, 2001).
Pages 13, 20, from *The Day Lincoln Was Shot* by Jim Bishop (New York: Harper & Row, 1955).

Credits

**Art Director and
Storyboard Artist**
Jason Knudson

Art Director
Heather Kindseth

Editor
Tom Adamson

Spanish Translator
Jennifer Murtoff

Spanish Editor
Elizabeth Millán

Acknowledgement

Capstone Press thanks Philip Charles
Crawford, Library Director, Essex High
School, Essex, Vermont, and columnist
for *Knowledge Quest*, for his assistance
in the preparation of this book.

Índice

Capítulo 1

En el Teatro Ford

Al fin la Guerra Civil en los Estados Unidos estaba a punto de acabar. El Presidente Abraham Lincoln había luchado durante cuatro años para mantener la unión del país. En 1861, los estados del Sur se habían separado de la Unión para formar los Estados Confederados. El Sur quería que cada estado decidiera permitir la esclavitud o no. La Unión favoreció el control del gobierno federal.

Por fin, a finales de abril de 1865, se esperaba la victoria de la Unión. Lincoln y su esposa, Mary, tenían tiempo para descansar. El 14 de abril, fueron al Teatro Ford en Washington.

Mientras el público disfrutaba del espectáculo, el policía John Parker tomó un descanso. Lo habían contratado para proveer seguridad a los Lincoln esa noche. Dejó su puesto en la puerta del palco de gala.

Nadie molestará al Presidente ya que se está presentando la obra.

State Box

Justo entonces, un hombre subía lentamente las escaleras hasta el palco de gala. John Wilkes Booth era actor, pero no era parte del espectáculo.

Booth llevaba una pistola y una daga. Apoyaba al Sur durante la Guerra Civil. Un mes antes, Booth, junto con otros, conspiraba para secuestrar a Lincoln.

Esta noche, Booth tenía otros objetivos.

¡PUM!

Mientras el público reía a carcajadas de la comedia, el Capitán Bedee se puso de pie.

¿Fue un disparo?

Booth saltó al escenario.

Sic semper tyrannis!*

*Esta frase en latín quiere decir «Así siempre a los tiranos»

El grupo llegó a la pensión de William Petersen, al otro lado de la calle.

Necesitamos el mejor cuarto para el Presidente Lincoln.

Los hombres acostaron a Lincoln en la cama diagonalmente porque era desmasiado corta para la altura del Presidente.

Capítulo 3

Muerte por la mañana

Los soldados de la Unión guardaban la entrada de la pensión de Petersen. La gente se congregaba, esperando ansiosamente noticias del Presidente. Alrededor de las seis de la mañana, empezó a llover fuerte.

¿Qué dicen los médicos?

¿Cómo está el Presidente?

¿Ya han capturado al asesino?

Robert, el hijo mayor de Lincoln, estaba en la Casa Blanca cuando dispararon a su padre. Al enterarse de las noticias, Robert se fue inmediatamente a la pensión de Petersen. Trataba de calmar a su madre a lo largo de la noche.

He aquí una silla, mamá. Siéntate, por favor.

¡Ay, si mi pequeño Taddy pudiera ver a su padre antes de que se muera!

Llegó el Secretario de Guerra Edwin Stanton para restablecer orden en el cuarto.

Lleve a esa mujer de aquí y no la deje entrar de nuevo.

¡Ay. . . he entregado a mi esposo a la muerte!

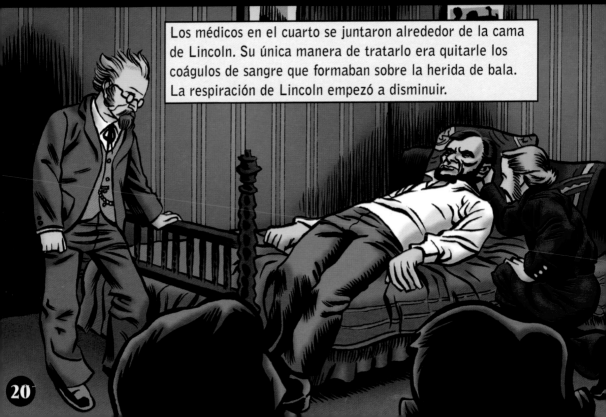

Los médicos en el cuarto se juntaron alrededor de la cama de Lincoln. Su única manera de tratarlo era quitarle los coágulos de sangre que formaban sobre la herida de bala. La respiración de Lincoln empezó a disminuir.

A las 7:22 de la mañana, se murió el Presidente Lincoln.

Ahora pasa a la historia.

El médico le colocó monedas en los ojos de Lincoln para mantenerlos cerrados, según la costumbre de la época.

Capítulo 4

El fin de Booth

¿Qué pasó?

Con el hueso fracturado que rompía la piel de la pierna, John Wilkes Booth se escapó de Washington. Fue a caballo hasta la Taberna Surratt en Maryland. Allí se encontró con su amigo David Herold. Herold le había ayudado a Booth con su complot de matar a Lincoln.

23

Booth se negó a entregarse.

Pués, mis amigos valientes, pueden prepararme una camilla. Jamás me entregaré.

Los soldados prendieron fuego a la casa de tabaco. Podían ver a Booth a través de las grietas y los agujeros de la casa. Tenía un rifle.

Sin recibir órdenes, el soldado Boston Corbett disparó su pistola a la casa de tabaco. El tiro alcanzó a Booth y se cayó.

Apúrense, ayuden a sacarlo mientras haya tiempo.

La bala le pegó al cuello de Booth. Los soldados lo llevaron al porche de la casa de los Garrett. Allí Booth vivió tres horas más. Alrededor de las siete de la mañana, pronunció sus últimas palabras.

Díganle a mi madre que muero por la patria.

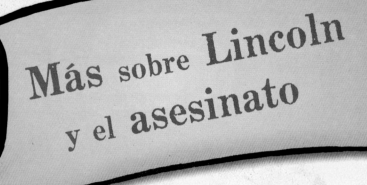
La Guerra Civil empezó el 12 de abril de 1861. El General Lee de los Estados Confederados se entregó al General Grant de la Unión el 9 de abril de 1865 en Appomattox Court House en Virginia. Cinco días después, Lincoln fue asesinado.

En marzo de 1865, John Wilkes Booth visitó a Charles Warwick, un amigo y también actor. Warwick vivía en un cuarto de la pensión de Petersen. Durante su visita, Warwick le permitió a Booth a echar una siesta en la cama. Un mes después se murió el Presidente Lincoln en la misma cama.

El acto de Booth era parte de un complot. Los simpatizantes de los Estados Confederados querían crear caos en el gobierno federal. Pensaban matar al Presidente, al Vice Presidente, al Secretario del Estado y al General Grant de la Unión. De hecho, Lincoln fue el único que murió.

El gobierno de los Estados Unidos acusó a ocho personas del complot. Cuatro personas fueron condenadas a la horca, tres a reclusión perpetua y una a seis años de prisión.

- Abraham Lincoln nació el 12 de febrero de 1809. Cuando murió el 15 de abril de 1865, tenía 56 años.

- Lincoln fue investido como el 16° presidente el 4 de marzo de 1861. Fue reelegido para un segundo mandato, que empezó el 4 de marzo de 1865.

- Lincoln fue el primer presidente a quien sacaron fotografías durante la investidura. En la foto se puede ver a John Wilkes Booth parado cerca del Presidente.

- Lincoln fue el primer presidente con barba.

- Lincoln medía 6 pies, 4 pulgadas, y fue el presidente más alto.

- El Vicepresidente Andrew Johnson llegó a ser presidente el 15 de abril de 1865, pocas horas después de la muerte de Lincoln.

- Cada otoño y primavera, la Sociedad Surratt patrocina excursiones en autobús por lo largo de la ruta de escape que tomó Booth. La gente también puede seguir la ruta en carro. Hoy día la ruta tiene caminos pavimentados y muchos negocios. En 1865, era un sendero embarrado y pantanoso.

Glosario

asesino—alguien que mata a una persona bien conocida o importante, tal como el presidente

caos—confusión total

complot—un plan secreto e ilegal que elaboran dos personas o más

conspirar—planear en secreto para hacer algo malo o ilegal

ferry—barco que frecuentemente lleva a la gente a través de una masa de agua

mortal—lo que causa la muerte; la herida de bala de Lincoln era mortal.

simpatizante—persona que apoya un grupo o una causa

tirano—alguien que gobierna de una manera cruel o injusta

Sitios de Internet

FactHound proporciona una manera divertida y segura de encontrar sitios de Internet relacionados con este libro. Nuestro personal ha investigado todos los sitios de FactHound. Es posible que los sitios no estén en español.

Se hace así:

1. Visita *www.facthound.com*
2. Introduce este código especial **0736838317** para ver sitios apropiados según tu edad, o usa una palabra relacionada con este libro para hacer una búsqueda general.
3. Haz clic en el botón **Fetch It**.

¡FactHound te busca los mejores sitios!

Leer más

Burgan, Michael. *The Assassination of Abraham Lincoln*. We the People. Minneapolis: Compass Point Books, 2004.

Marinelli, Deborah A. *The Assassination of Abraham Lincoln*. The Library of Political Assassinations. New York: Rosen, 2002.

Oberle, Lora Polack. *Abraham Lincoln*. Let Freedom Ring. Mankato, Minn.: Bridgestone Books, 2002.

Schott, Jane A. *Abraham Lincoln*. History Maker Bios. Minneapolis: Lerner, 2002.

Zeinert, Karen. *The Lincoln Murder Plot*. North Haven, Conn.: Linnet Books, 1999.

Bibliografía

Bishop, Jim. *The Day Lincoln Was Shot*. New York: Harper & Row, 1955.

Bryan, George S. *The Great American Myth*. Chicago: Americana House, 1990.

Ford's Theatre National Historic Site. http://www.nps.gov/foth/index2.htm.

Kunhardt, Dorothy Meserve, and Philip B. Kunhardt Jr. *Twenty Days*. New York: Castle Books, 1965.

Norton, Roger. Abraham Lincoln Research Site. http://members.aol.com/RVSNorton/Lincoln2.html.

Steers, Edward Jr. *Blood on the Moon: The Assassination of Abraham Lincoln*. Lexington: University Press of Kentucky, 2001.

Índice temático